TABLEAUX

MODERNES

Dessins, Aquarelles

Gouaches

PARIS, 22 MARS 1926

Tableaux Modernes

Dessins, Aquarelles, Gouaches

PAR

APELLE, BARREY, BISSIÈRE, CAMOIN CASSE, CHARMY,
CHIRIAEFF (F.), CLARY-BAROUX, CONRAD, COUCI, DERAIN, DE TROY, DOUROUZE
DRÉSA, DUFEU, DUFY (Jean), DUFY (Raoul),
DUMONT, DUREY, EGGIMANN, FEBVRE, FILLON, FOURNIER,
FRIESZ (Othon), GÉNIN, GROMAIRE, GUYOT, HAYDEN,
HERRY, MAX JACOB, JEANES, KIKOINE, KISLING, KOYANAGUI, KREMENGUE,
LAGAR, LANDAU, LENOIR, LUCE,
MACLET, MAINSSIEUX, MANGUIN, MARQUET, MIGNON, MODIGLIANI,
MISRAHI, OSTERLIND, PALTZ,
PERKROHG, PISSARO (Manzana), PUY, RAFFAELLI, RICHARD, RIGAUD (P.-G.),
ROCHE, RODIN, SEGONZAC (Dunoyer de), SIGNAC,
SOUTINE, TALBOT, THAULOW,
TRUCHET, UTTER, UTRILLO, VAHRENHORST, VALADON, VILLAIN, VLAMINCK
YTURRINO, ZADKINE

DONT LA VENTE AUX ENCHÈRES PUBLIQUES AURA LIEU

A PARIS

HOTEL DROUOT, SALLE N° 1

Le Lundi 22 Mars 1926,
à deux heures

Mᵉ G. ALBINET	M. GASTON DERNIS
Commissaire-priseur	*Expert*
6, rue de Maubeuge, 6	7, rue de Penthièvre, 7
PARIS	PARIS (8ᵉ)

EXPOSITION PUBLIQUE

Le Dimanche 21 Mars 1926, de 2 heures à 6 heures.

CONDITIONS DE LA VENTE

Elle aura lieu au comptant.
Les acquéreurs paieront 19 fr. 50 pour cent en sus des enchères.

ORDRE DE LA VACATION

L'ordre du Catalogue sera rigoureusement suivi.

92.968. — Imprimerie Lahure, 9, rue de Fleurus, à Paris. — 1926.

DÉSIGNATION

APELLE

1 *La Seine et Notre-Dame à Paris.*

> *Toile.* — Haut., 65 cent.; larg., 80 cent.
> **Signée à gauche.**

APELLE

2 *Les arts décoratifs.*

> *Toile.* — Haut., 73 cent.; larg., 92 cent.
> **Signée à gauche.**

APELLE

3 *Rivière.*

> *Toile.* — Haut., 65 cent.; larg., 81 cent
> **Signée à droite.**

BARREY
(F.)

4 *Portrait de femme.*

> *Toile.* — Haut., 61 cent.; larg., 58 cent.
> **Signée en haut à droite.**

BISSIÈRE

5 *Jeune femme.*

> *Toile.* — Haut., 50 cent.; larg., 39 cent.
> **Signée à gauche.**

CAMOIN
(Ch.)

6 *Paysage.*

Toile. — Haut., 52 cent. ; larg., 63 cent.
Signée à droite.

CASSE
(Germaine)

7 *Dans le parc.*

Toile. — Haut., 35 cent. ; larg., 26 cent.

CHARMY
(E.)

8 *Femme au piano.*

Toile. — Haut., 79 cent. ; larg., 64 cent.
Signée à droite.

CHARMY
(E.)

9 *Paysage.*

Carton. — Haut., 33 cent ; larg., 41 cent.
Signé en bas à gauche.

CHIRIAEFF
(E.)

10 *Ballet russe.*

Carton. — Haut., 58 cent. ; larg., 73 cent.
Signé à droite.

CLARY-BAROUX

11 *Bords du Canal à Pantin.*

> *Toile.* — Haut., 59 cent; larg., 73 cent.
> Signée en bas à gauche.

CLARY-BAROUX

12 *Le Vieux pont de Puy-sur-Loire.*

> *Toile.* — Haut., 54 cent. ; larg., 54 cent.
> Signée à gauche.

CLARY-BAROUX

13 *La place Dancourt et le théâtre Montmartre sous la neige.*

> *Toile.* — Haut., 16 cent.; larg., 61 .cent.
> Signée à droite et datée 1917.

CLARY-BAROUX

14 *Le port de Rouen.*

> *Toile.* — Haut., 50 cent.; larg., 73 cent.
> Signée en bas à droite.

CONRAD-RICKERT

15 *Vases, chope et fruits.*

> *Toile.* — Haut., 55 cent.; larg., 46 cent.
> Signée en bas à gauche.

COUCI
(M.)

16 *Paysage de Gargilesse.*

> *Toile.* — Haut., 65 cent.; larg., 81 cent.
> Signée à droite.

COUCI

17 *Moulin de Gargilesse.*

Toile. — Haut., 60 cent.; larg., 81 cent.
Signée à droite.

DERAIN

18 *Tête d'homme.*

Dessin au lavis. — Haut., 60 cent.; larg., 44 cent.
Signé à droite des initiales A. D.

DE TROY
(Léon)

19 *Le chevrier.*

Dessin rehaussé de pastel. — Haut., 58 cent.: larg., 53 cent.
Signé à gauche.

DE TROY
(Léon)

20 *Paysage de Gargilesse.*

Toile. — Haut., 60 cent.; larg., 73 cent.
Signée en bas droite.

DOUROUZE

21 *Vue de Passy.*

Aquarelle. — Haut., 29 cent.; larg., 45 cent.
Signée en bas à droite.

DRÉSA

22 *Pastorale.*

Aquarelle. — Haut., 9 cent.; larg., 14 cent.
Signée en bas à gauche.

DUFEU
(E.)

23 *Venise.*

Toile. — Haut., 36 cent.; larg., 54 cent.
Signée en bas à gauche.

DUFY
(Jean)

24 *Paysage.*

Aquarelle. — Haut., 28 cent.; larg., 38 cent.

DUFY
(Raoul)

25 *Paysage.*

Aquarelle. — Haut., 49 cent.; larg., 66 cent.
Signée au milieu.

DUMONT
(Pierre)

26 *La Roche-Guyon.*

Toile. — Haut., 64 cent.; larg., 79 cent.
Signée à gauche.

DUMONT
(Pierre)

27 *Vue de Rouen.*

Toile. — Haut., 57 cent.; larg., 73 cent.
Signée en bas en gauche.

DUMONT
(Pierre)

28 *Un coin de village.*

> *Toile.* — Haut., 5o cent.; larg., 6ı cent.
> Signé en bas à droite.

DUMONT
(Pierre)

29 *L'église de Morel.*

> *Toile.* — Haut., 54 cent.; larg., 65.
> Signée en bas à droite.

DUREY
(René)

3o *Maison en Auvergne.*

> *Toile.* — Haut., 3o cent.; larg., 46 cent·
> Signée à droite.

DUREY
(René)

3ı *Une ferme.*

> *Toile.* — Haut., 6o cent.; larg., 7³ cent.
> Signée en bas à droite.

EGGIMANN
(J.)

3ᴢ *Paysage de la Creuse.*

> *Toile.* — Haut., 38 cent.; larg., 55 cent.
> Signée et dédicacée à gauche.

FEBVRE
(E.)

33 *Les Fratellini dans la piste.*

> *Pastel.* — Haut., 35 cent.; larg., 45 cent.
> Signé en bas à droite.

FEBVRE
(E.)

34 *La foire du Trône.*

> *Toile.* — Haut., 54 cent.; larg., 65 cent.
> Signée en bas à gauche et datée 1925.

FEBVRE
(E.)

35 *Un marché en Bretagne.*

> *Toile.* — Haut., 54 cent.; larg., 65 cent.
> Signée en bas à droite.

FILLON

36 *Grock.*

> *Toile.* — Haut., 78 cent.; larg., 59 cent.
> Signée à droite.

FILLON

37 *Saltimbanque.*

> *Peinture sur papier.*
> Signée à gauche.

FOURNIER
(Gabriel)

38 *Fleurs.*

> *Toile.* — Haut., 65 cent.; larg., 54 cent.
> Signée à gauche.

FRIESZ
(Othon-Émile)

39 *Paysage aux environs de Toulon.*

> *Toile.* — Haut., 38 cent.; larg., 46 cent.
> Signée en bas à gauche.

FRIESZ
(Othon-Emile)

40 *Paysage.*

> *Toile.* — Haut., 60 cent.; larg., 73 cent.
> Signée en bas à droite : *E. Friez* et datée 1901.

GÉNIN
(Lucien)

41 *Un coin de la place Blanche.*

> *Toile.* - Haut., 55 cent.; larg., 46 cent.
> Signée en bas à gauche.

GÉNIN
(Lucien)

42 *La rue des Abbesses.*

> *Toile.* — Haut., 46 cent.; larg., 55 cent.
> Signée en bas à gauche.

GROMAIRE

43 *Jeune femme se coiffant.*

> *Dessin rehaussé.* — Haut., 69 cent.; larg., 45 cent.
> Signé en bas à droite.

GUYOT
(Georges)

44 *Faisan doré.*

> *Toile.* — Haut., 49 cent.; larg., 71 cent.
> Signée en bas à gauche.

GUYOT
(Georges)

45 *Fleurs dans un vase.*

> *Toile.* — Haut.. 80 cent.; larg., 64 cent.
> Signée en bas à gauche.

HAYDEN

46 *Fleurs.*

> *Toile.* — Haut., 61 cent.; larg., 50 cent.
> Signée à gauche.

H AYDEN

47 *Paysage.*

> *Toile.* — Haut., 38 cent.; larg., 46 cent.
> Signée à droite.

HERRY
(Maurice)

48 *Le vieux moulin de Vernonet.*

> *Toile.* — Haut., 49 cent.; larg., 63 cent.
> Signée en bas à droite et datée 1925.

MAX JACOB

49 *Pastorale.*

Gouache. — Haut., 27 cent ; larg., 40 cent.
Signée au milieu.

JEANES

5o *La maison du jardinier à Constantinople.*

Peinture à la détrempe. — Haut., 54 cent.; larg., 65 cent.
Signée en bas à droite.

KIKOINE

51 *Paysage de Bourgogne.*

Toile. — Haut., 54 cent.; larg., 46 cent.
Signée à gauche.

KISLING
(Moïse)

52 *Le Port de Marseille.*

Bois. — Haut., 55 cent.; larg., 46 cent.
Signé à droite.

KISLING
(Moïse)

53 *Sagunto.*

Toile. — Haut., 46 cent.; larg., 54 cent.
Signée en bas à gauche.

KOYANAGUI
(Sei)

54 *Jeune femme aux Colombes.*

Toile. — Haut., 43 cent.; larg., 59 cent.
Signée en haut à droite.

KREMENGUE

55 *Paysage.*

Toile. — Haut., 61 cent.; larg., 46 cent.
Signée à gauche.

LAGAR
(Celso)

56 *Clown au chien.*

Toile. — Haut., 55 cent.; larg., 38 cent.
Signée à droite.

LAGAR
(Celso)

57 *La parade.*

Peinture sur papier. — Haut., 40 cent.; larg., 48 cent.
Signée en bas à droite.

LAGAR
(Celso)

58 *Jeune acrobate.*

Toile. — Haut., 1 m. 15; larg., 80 cent.
Signée en bas à droite.

LANDAU

59 *Paysage à Conflans-Sainte-Honorine.*

Toile. — Haut., 50 cent.; larg., 61 cent.
Signée en bas à gauche.

LENOIR
(Marcel)

60 *Page d'étude.*

Dessin à la plume. — Haut., 30 cent.; larg., 20 cent.
Signé en bas à gauche.

LUCE
(M.)

61 *Paysage de Rolleboise.*

> *Aquarelle et pastel.* — Haut., 32 cent.; larg., 49 cent.

MACLET
(Élisée)

62 *Le Moulin de la Galette.*

> *Carton.* — Haut., 46 cent.; larg., 62 cent.
> Signé à droite.

MACLET
(Élisée)

63 *Roses.*

> *Carton.* — Haut., 48 cent.; larg., 31 cent.
> Signé à droite.

MACLET
(Élisée)

64 *Le Moulin de la Galette.*

> *Carton.* — Haut., 55 cent.; larg., 46 cent.
> Signé en bas à droite.

MACLET
(Élisée)

65 *La rue du Lapin agile.*

> *Carton.* — Haut., 46 cent.; larg., 55 cent.
> Signé en bas à gauche.

MACLET
(Élisée)

66 *La rue du Lapin agile.*

> *Toile.* — Haut., 50 cent.; larg., 61 cent.
> Signée en bas à droite.

MAINSSIEUX

67 *Paysage.*

> *Toile.* — Haut., 50 cent.; larg., 73 cent.
> Signée en bas à gauche.

MANGUIN
(Henri)

68 *Maternité.*

> *Dessin à l'encre de Chine.* — Haut., 27 cent.; larg., 33 cent.
> Signé en bas à droite.

MARQUET

69 *Saint-Jean-de-Luz.*

> *Carton.* — Haut., 23 cent.; larg., 32 cent.
> Signé en bas à droite.

MARQUET

70 *Saint-Jean-de-Luz.*

> *Carton.* — Haut., 23 cent.; larg., 32 cent.
> Signé en bas à droite.

MIGNON
(Lucien)

71 *La mare aux Fées. Forêt de Fontainebleau.*

> *Toile.* — Haut., 64 cent.; larg., 44 cent.
> Signée en bas à gauche.

MIGNON
(Lucien)

72 *Fleurs.*

> *Toile.* — Haut., 36 cent; larg., 36 cent.
> Signée en haut à droite et datée 1917.

MIGNON
(Lucien)

73 *Fleurs.*

> *Toile.* — Haut., 33 cent. ; larg., 41 cent.
> **Signée en bas à droite.**

MISRAHI
(P)

74 *La Seine à Paris ; effet de neige.*

> *Toile.* — Haut., 46 cent.; larg , 55 cent.
> **Signée à gauche.**

MODIGLIANI

75 *Portrait de femme.*

> *Dessin à l'encre de Chine.*
> **Signé en bas.**

MODIGLIANI

·76 *Portrait de femme.*

> *Dessin à l'encre de Chine.*
> **Signé à droite.**

OSTERLIND
(Anders)

77 *Maisons dans un paysage de Bretagne.*

> *Toile.* — Haut., 60 cent.; larg., 73 cent.
> **Signée en bas à droite.**

OSTERLIND
(Anders)

78 *Le gros arbre. Environs de Fontainebleau.*

> *Toile.* — Haut., 59 cent.; larg., 72 cent.
> **Signée à droite.**

OSTERLIND
(Anders)

79 *Jardins en Provence.*

> *Toile.* — Haut., 46 cent.; larg., 55 cent.
> Signée en bas à gauche.

OSTERLIND
(Anders)

80 *Un village provençal.*

> *Toile.* — Haut., 60 cent.; larg., 73 cent.
> Signée à gauche.

PALTZ
(G.)

81 *Sous les oliviers.*

> *Toile.* — Haut., 65 cent.; larg., 80 cent.
> Signée en bas à droite.

PERKROGH

82 *Portrait de femme.*

> *Toile.* — Haut., 40 cent; larg., 25 cent.
> Signée à droite.

PISSARO
(Manzana)

83 *La femme au buffle.*

> *Gouache rehaussée d'or.* — Haut., 30 cent.; larg., 46 cent.
> Signée à droite.

PUY
(Jean)

84 *La ronde.*

> *Bois.* — Haut., 72 cent. ; larg., 92 cent.
> Signé à droite.

RAFFAELLI
(J.-F.)

85 *Tête d'homme, de face.*

> *Dessin à la mine de plomb.* — Haut., 16 cent. ; larg., 13 cent.
> Signé en bas à droite.

RAFFAELLI
(J.-F.)

86 *Danses orientales.*

> *Esquisse. Toile.* — Haut., 15 cent. ; larg. 24 cent.
> Signée en bas à gauche.

RICHARD

87 *Fleurs.*

> *Toile.* — Haut., 73 cent. ; larg., 50 cent.
> Signée à droite.

RICHARD

88 *Faisan.*

> *Toile.* — Haut., 50 cent ; larg., 73 cent.
> Signée à droite.

RIGAUD
(P.-G.)

89 *Vue de Rouen.*

> *Crayon rehaussé.* — Haut., 53 cent. ; larg., 45 cent.
> Signé en bas à gauche et daté 1914.

RIGAUD
(P.-G.)

90 *Le Mans.*

> *Crayon rehaussé.* — Haut., 40 cent. ; larg., 32 cent.
> Signé à droite et daté Le Mans, 1919.

RIGAUD
(P. G.)

91 *Vue de Venise.*

> *Crayon rehaussé.* — Haut., 49 cent.; larg., 37 cent.
> Signé à droite.

ROCHE
(Marcel)

92 *Femme nue debout.*

> *Aquarelle.* — Haut , 21 cent.; larg., 14 cent.
> Signée en bas à droite.

ROCHER
(Charles)

93 *Route de Tréguier à Pleumeur.*

> *Toile.* — Haut., 53 cent.; larg., 45 cent.
> Signée à droite.

ROCHER
(Charles)

94 *Au café.*

> *Carton.* — Haut., 45 cent.; larg. 55 cent.
> Signé en bas à droite.

ROCHER
(Charles)

95 *Rue de Guernisac à Morlaix.*

> *Toile.* — Haut. 61 cent. ; larg., 40 cent.
> Signée à droite.

ROCHER
(Ch.)

96 *Petit café boulevard de la Chapelle.*

> *Toile.* — Haut., 45 cent. ; larg., 55 cent.
> Signée en bas à droite.

ROCHER
(Ch.)

97 *Terrasse d'un café.*

> *Toile.*
> Signée à droite.

RODIN
(A.)

98 *Femme nue debout.*

> *Dessin aquarellé.* — Haut., 21 cent. ; larg., 31 cent.
> Signé en bas à droite.

RODIN
(A.)

99 *Nu couché.*

> *Dessin aquarellé.* — Haut., 20 cent. ; larg., 31 cent.
> Signé en bas à droite.

SEGONZAC
(A. Dunoyer de)

100 *Paysage.*

> *Dessin à la plume.* — Haut., 31 cent. ; larg., 47 cent.
> Signé à droite.

SIGNAC

101 *Bord de rivière.*

Dessin aquarellé.
Signé en bas à gauche.

SIGNAC

102 *La Rochelle.*

Aquarelle. — Haut., 23 cent.; larg., 28 cent.
Signée en bas à droite.

SOUTINE
(Charles)

103 *Paysage.*

Toile. — Haut., 54 cent.; larg., 74 cent.
Signée en bas à droite.

TALBOT

104 *Rue de village.*

Toile. — Haut., 55 cent.; larg., 46 cent.
Signée à droite.

TALBOT

105 *En Bretagne.*

Toile. — Haut., 54 cent.; larg., 45 cent.

THAULOW
(Fritz)

106 *Paysage sous la neige.*

Bois. — Haut., 16 cent.; larg., 23 cent.
Signé en bas à gauche et daté.

TRUCHET
(Abel)

107   *Une rue à Venise.*

> *Toile.* — Haut., 65; larg., 81 cent.
> Signée à gauche.

UTTER
(A.)

108   *Fleurs.*

> *Toile.* — Haut., 59 cent.; larg., 72 cent.
> Signée à droite.

UTRILLO
(Maurice)

109   *Vue de Bessine (Haute-Vienne).*

> *Toile.* — Haut., 49 cent.; larg., 64 cent.
> Signée et datée en bas à gauche.

VAHRENHORST

110   *La Marne à Joinville.*

> *Toile.* — Haut., 65 cent.; larg., 80 cent.
> Signée en bas à droite et datée.

VAHRENHORST

111   *Le repos après le bain.*

> *Toile.* — Haut., 90 cent.; larg., 1 m. 15.
> Signée en bas à droite.

VAHRENHORST

112   *Paysage d'Engadine.*

> *Toile.* — Haut., 65 cent.; larg., 55 cent.
> Signée en bas à gauche.

VAHRENHORST

113 *La roulotte.*

> *Toile.* — Haut., 5o cent.; larg., 62 cent.
> Signée en bas à droite.

VALADON
(Suzanne)

114 *Femme sortant du bain.*

> *Esquisse.* — Haut., 52 cent.; larg., 35 cent.
> Signée à gauche.

VALADON
(Suzanne)

115 *Jeune femme assise.*

> *Dessin au fusain.* — Haut., 57 cent.; larg., 37 cent.
> Signé à gauche et daté 1920.

VALADON
(Suzanne)

116 *Paysage près Pontoise.*

> *Toile.* — Haut., 63 cent.; larg., 52 cent.
> Signée à droite et datée : Pontoise 1916.

VALADON
(Suzanne)

117 *Paysage d'hiver; effet de neige.*

> *Carton.* — Haut., 52 cent.; larg., 35 cent.
> Signé en bas à droite et daté 1917.

VILLAIN
(Georges)

118 *Paysage sur le bord d'une rivière.*

> *Bois.* — Haut., 23 cent.; larg., 35 cent.
> Signé à droite.

VILLAIN
(Georges)

119 *Paysage.*

Aquarelle. — Haut., 25 cent.; larg., 35 cent.
Signée à gauche.

VLAMINCK
(M. de)

120 *Paysage de Bougival.*

Toile. — Haut., 38 cent.; larg., 46 cent.
Signée en bas à droite.

VLAMINCK
(M. de)

121 *Barque échouée.*

Dessin au lavis.
Signé en bas à gauche.

YTURRINO

122 *Jardins à Malaga.*

Carton. — Haut., 33 cent.; larg., 41 cent.
Signé en bas à droite.

ZADKINE

123 *Paysage.*

Aquarelle. — Haut., 36 cent.; larg., 53 cent.
Signée à gauche.

124 *Tableaux omis.*

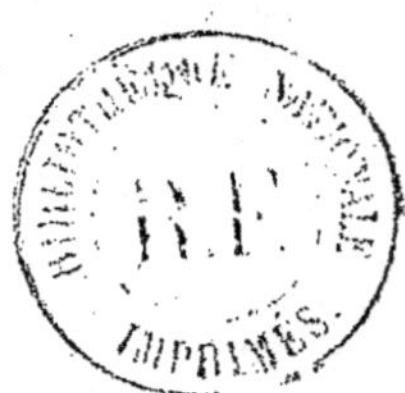

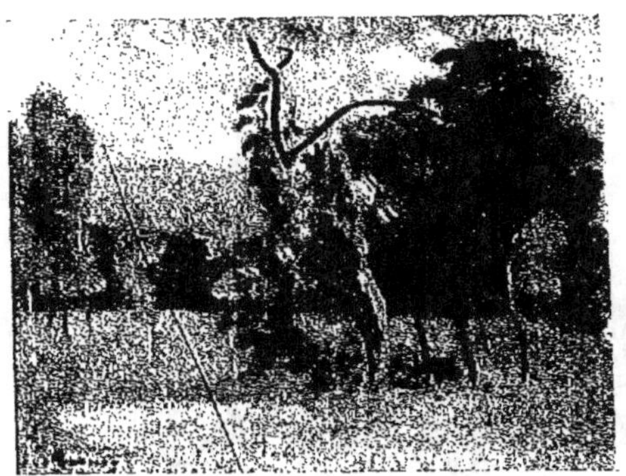

Nᵒ 9. — Émilie CHARMY. *Paysage.*

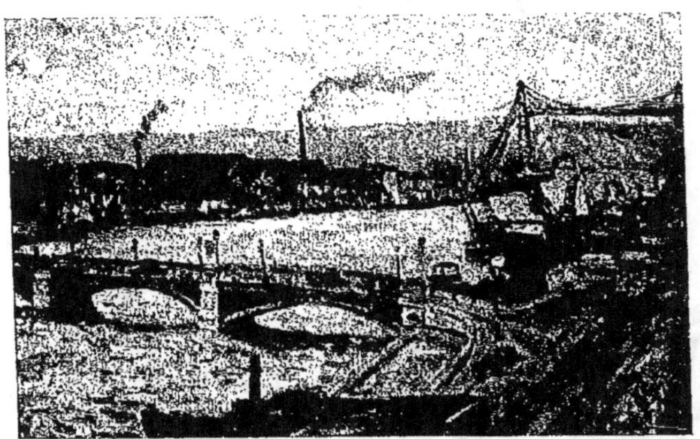

Nᵒ 14. — CLARY-BAROUX. *Le port de Rouen.*

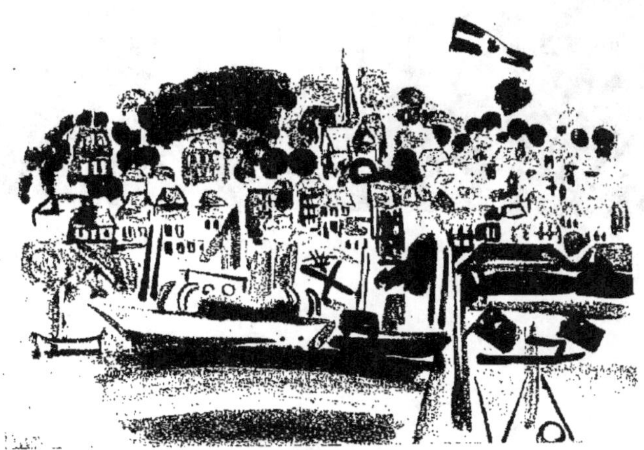

Nᵒ 25. — Raoul DUFY. *Paysage.*

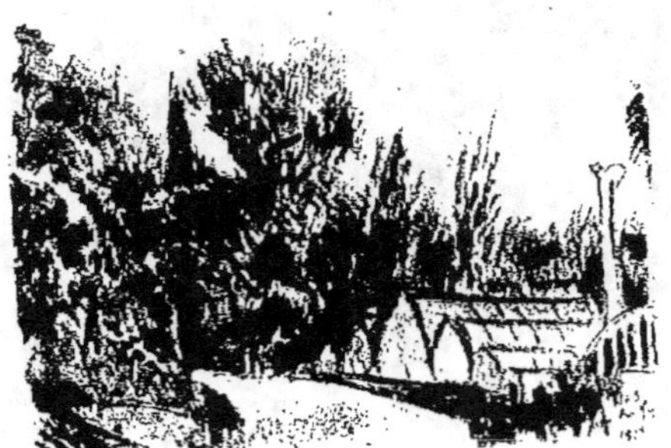

N° 24. — Jean Dufy. *Paysage.*

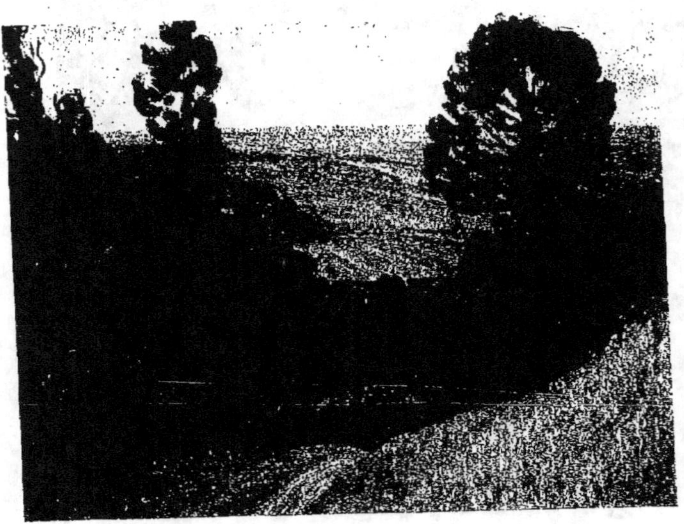

N° 20. — Léon de Troy. *Paysage de Gargilesse.*

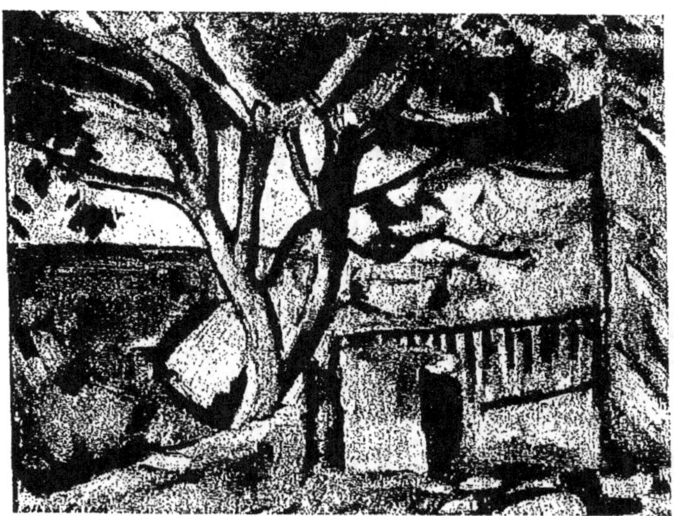

N° 39. — Othon-Émile FRIESZ. *Paysage aux environs de Toulon.*

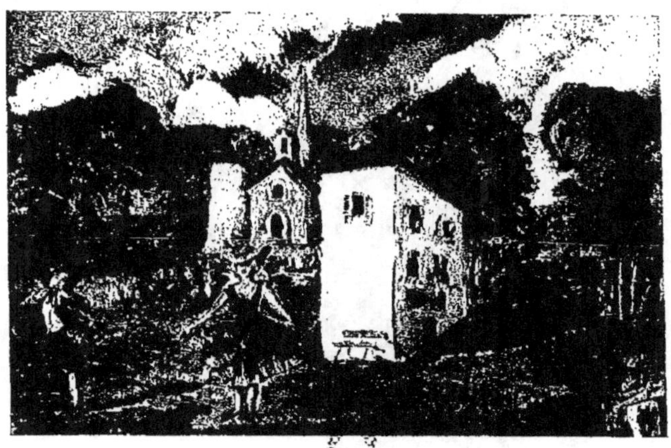

N° 49. — Max JACOB. *Pastorale.*

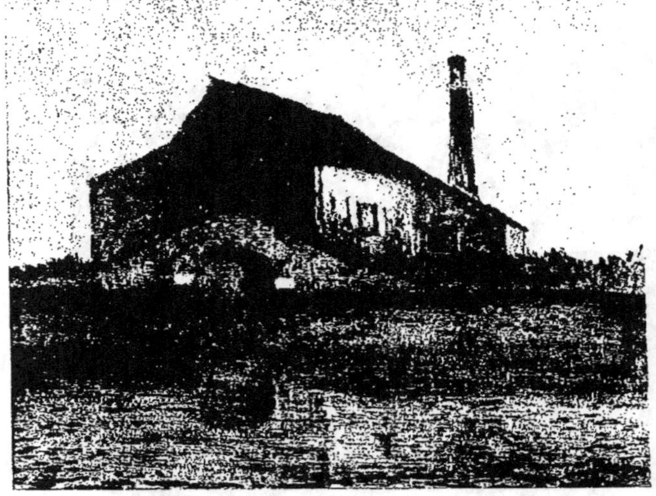

N° 50. — JEANÈS. *La maison du jardinier à Constantinople.*

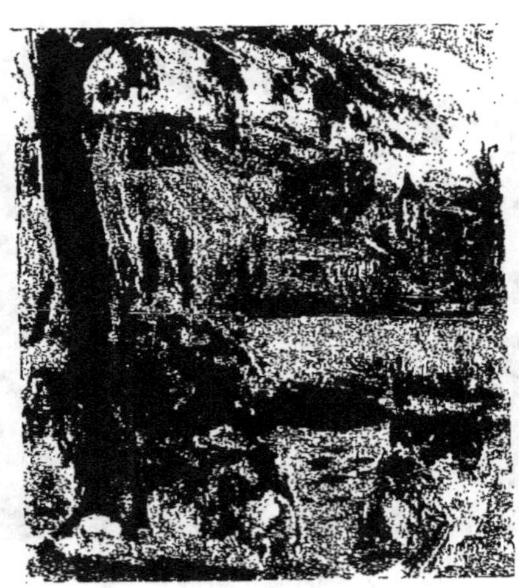

N° 51. — KIKOÏNE. *Paysage de Bourgogne.*

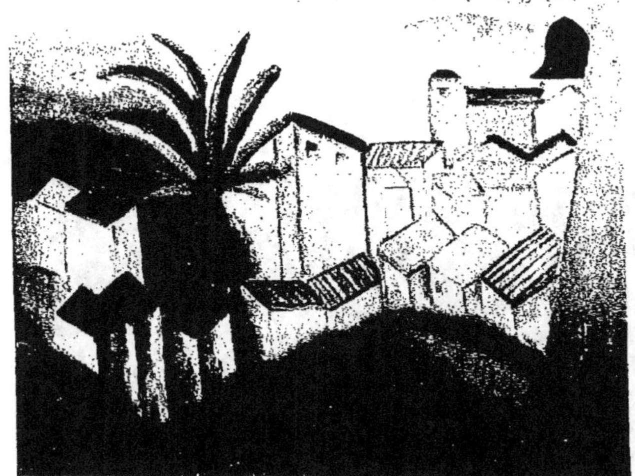

N° 53. — Moïse Kisling. *Sagunto.*

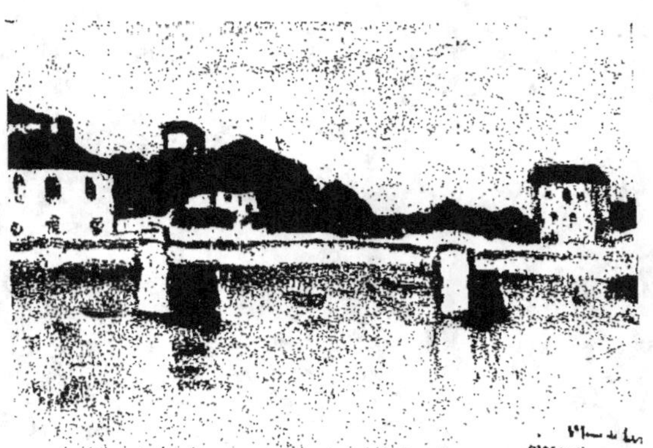

N° 69. — Marquet. *Saint-Jean-de-Luz.*

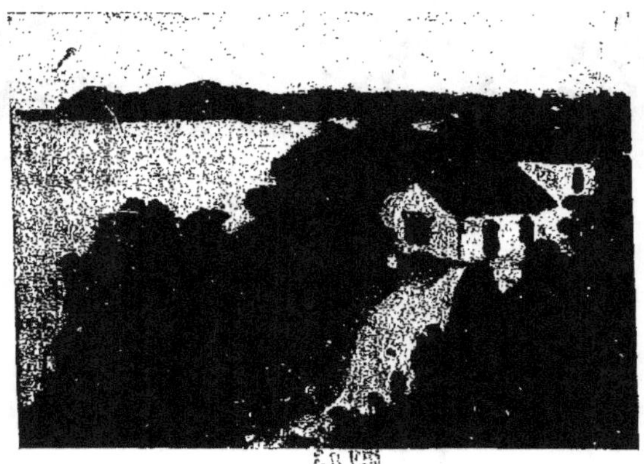

N° 70. — Marquet. *Saint-Jean-de-Luz.*

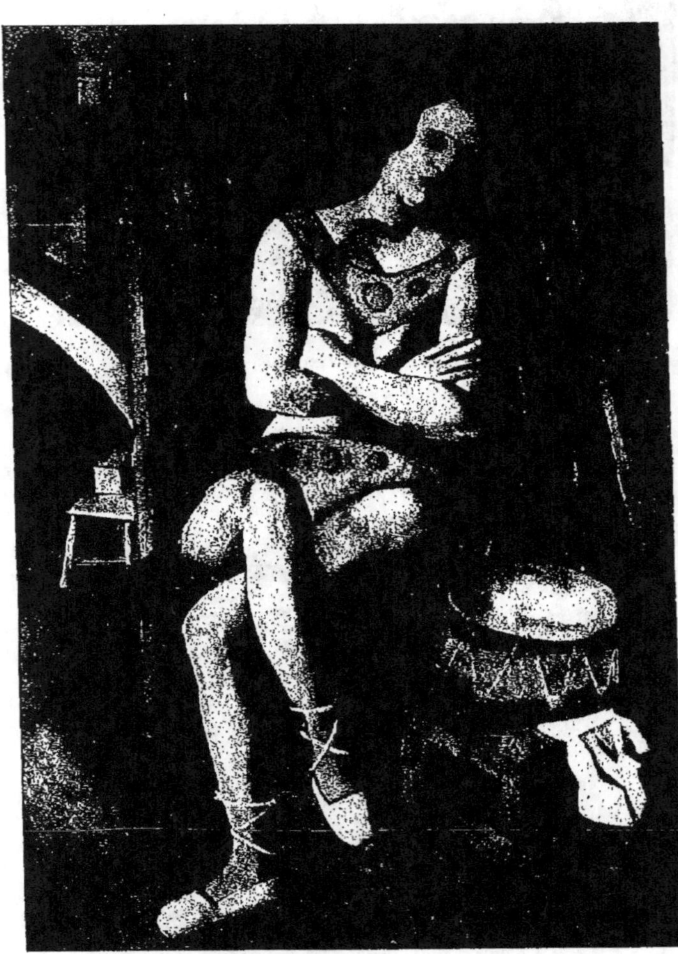

Nº 58. — Celso LAGAR. *Jeune Acrobate.*

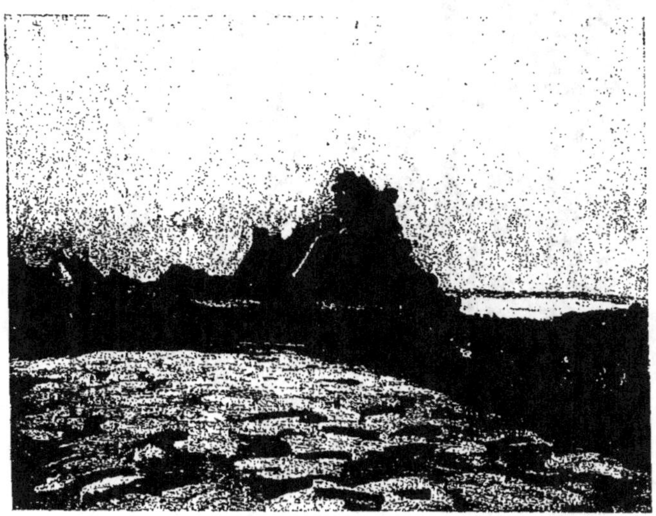

N° 77. — Anders OSTERLIND. *Maisons dans un paysage de Bretagne.*

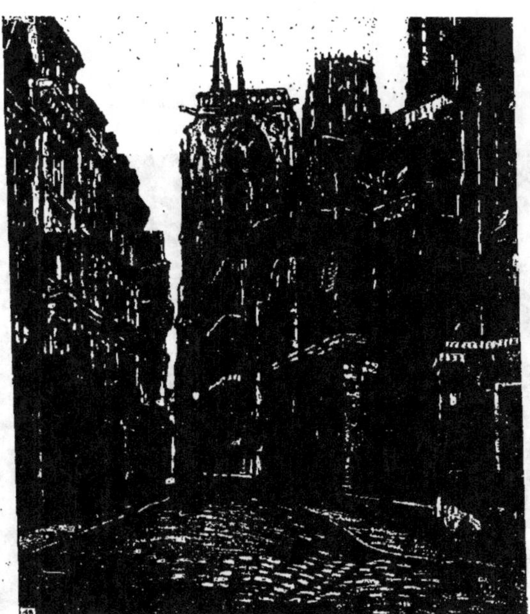

N° 89. — P.-G. RIGAUD. *Vue de Rouen.*

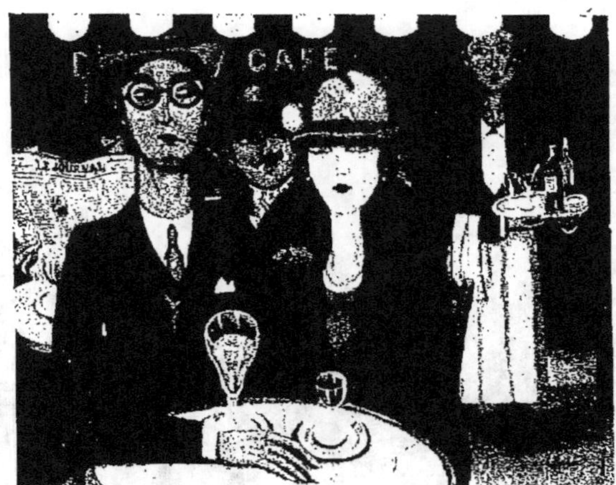

N° 94. — Charles ROCHER. *Au Café.*

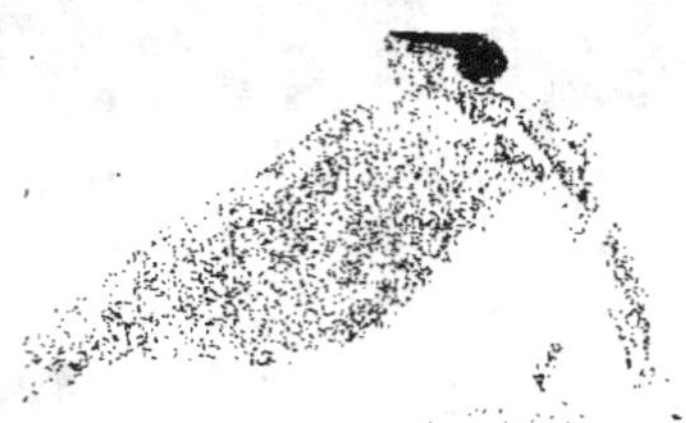

N° 99. — A. RODIN. *Nu couché.*

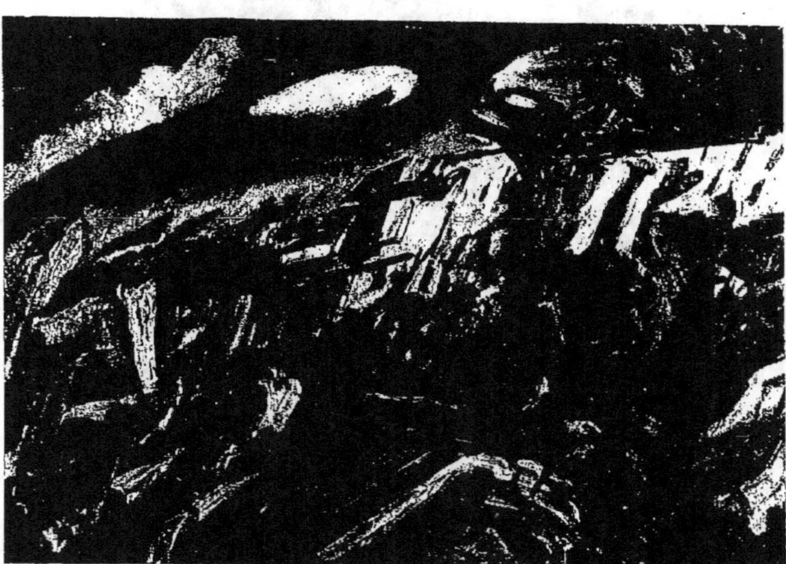

N° 103. — Charles SOUTINE. *Paysage.*

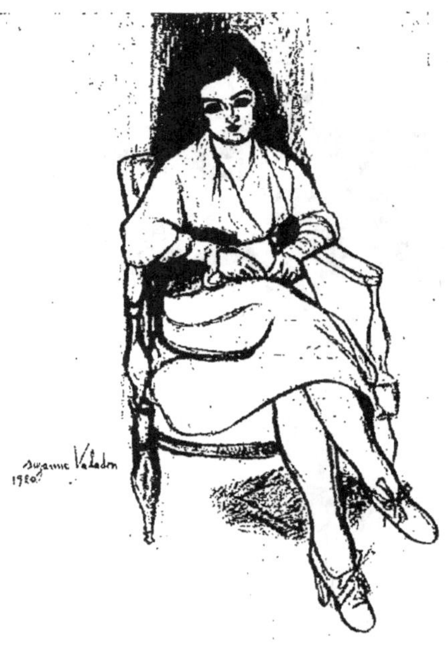

N° 115. — Suzanne VALADON. *Jeune femme assise.*

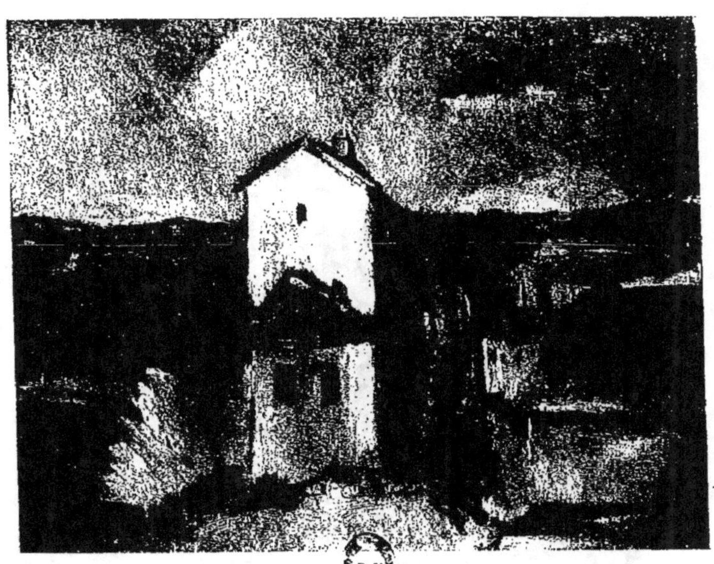

N° 120. — Maurice DE VLAMINCK. *Paysage de Bougival.*

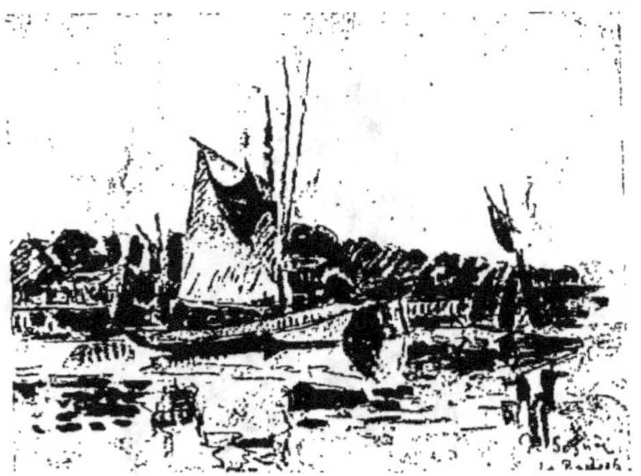

Nᵒ 102. — SIGNAC. *La Rochelle.*

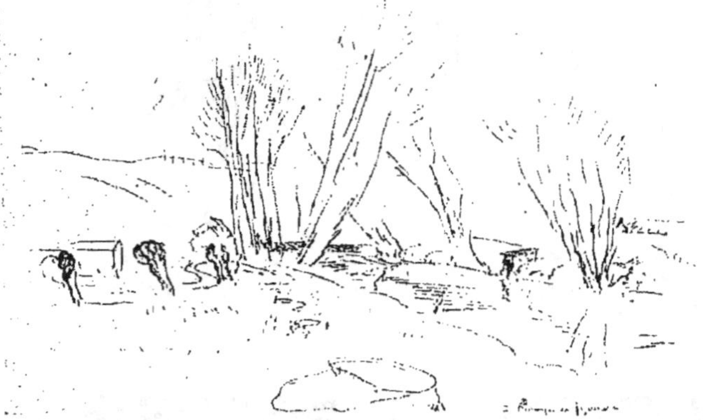

Nᵒ 100. — A. DUNOYER DE SEGONZAC. *Paysage.*

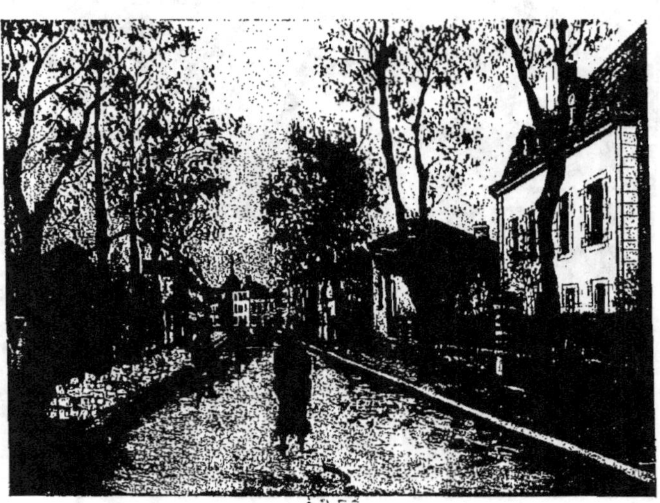

Nᵒ 109. — Maurice UTRILLO. *Vue de Bessine (Haute-Vienne).*